# हारता नहीं हूँ कभी मैं

नरेश अग्रवाल



भारतीय ज्ञानपीठ

लोकोदय ग्रन्थमाला : ग्रन्थांक 1482

ISBN 978-93-90659-73-9

**हारता नहीं हूँ कभी मैं**

(कविता-संग्रह)

**नरेश अग्रवाल**

प्रकाशक : **भारतीय ज्ञानपीठ**

18, इन्स्टीट्यूशनल एरिया, लोदी रोड, नयी दिल्ली-110 003

मुद्रक : भारतीय ज्ञानपीठ, नयी दिल्ली-110 003

आवरण-सज्जा :



HARTA NAHI HU KABHI MAIN
(Poetry Collection)
By Naresh Agarwal

Published by
**Bharatiya Jnanpith**
18, Institutional Area, Lodi Road, New Delhi-110 003
Ph. : 011-24626467; 23241619 (Daryaganj)
Mob. : 9350536020; e-mail : bjnanpith@gmail.com
sales@jnanpith.net; website : www.jnanpith.net

**First Edition : 2021**
**Price : Rs. 230**

श्रेष्ठ भारतीय साहित्य

भारतीय ज्ञानपीठ

# हारता नहीं हूँ कभी मैं

(कविता संग्रह)

# समर्पण

कुमार अंबुज, कुमार मुकुल, भरत प्रसाद, अशोक असफल, महुआ माजी, निरंजन श्रोत्रिय, मणि मोहन, सुरेंद्र रघुवंशी, गीत चतुर्वेदी, आनंद गुप्ता, रानी अग्रवाल, प्रेम शंकर शुक्ल, शंकर जी, मधु सक्सेना, बहादुर पटेल, माया मृग, हरि भटनागर के साथ-साथ—

मेरे गुरु तुल्य राजेश जोशी, विजय बहादुर सिंह,
राजेंद्र गुप्ता, पंकज मित्र, अशोक प्रियदर्शी के लिए

# अनुक्रम

## आस्था

अभाव के दिनों में
जब शाम तक के लिये
पानी बचाकर रखने को भी
बर्तन नहीं थे

अन्न के दाने मुट्ठी से
सीधे पकने को जाते थे पतीली में
भूख टीस मारती रहती थी
खौलते भोजन के भाप की तरह
अँधेरा-ही-अँधेरा दिखता था चारों ओर
इस चमकते सूरज के प्रकाश में भी

उस मुसीबत में भी
बचा सके हम आपस के प्रेम को
चारों जने चिपके रहे एक-दूसरे से
एक ही देह की तरह

किसी ने रोष नहीं प्रकट किया मुझ पर
कि मैं उनका पिता या उसका पति होकर भी
सक्षम नहीं था
इस गरीबी को परास्त करने में!

# विदाई

जब वह लेखक मरा
उसका ढेर सारा अप्रकाशित लेखन
बेच दिया गया रद्दी में
साथ में अनेक प्रकाशित पुस्तकें भी

बाकी ढेर सारी किताबें
दान कर दी गयीं
एक बड़े पुस्तकालय को
उन्हें रखने के लिये अलमारियाँ भी
दे दी गयीं मुफ्त

एक लेखक की मौत के साथ
अनूठी विदाई हुई पुस्तकों की
अब उन्हें दोष कैसे दें
जिन्हें लेखक नहीं
कमरे की जगह चाहिए!

## देश का झंडा

नन्हा–सा बच्चा
बगैर जूते और पैंट के
हाथ में देश का झंडा लिये
हाथ छुड़ाकर माँ का
शामिल हो गया
भद्र लोगों के जुलूस में
जल्दी ही दुत्कारा जाने लगा
अत्यधिक अफसोस हुआ
पीछे–पीछे दौड़ती आई माँ को
इतने बड़े–बड़े झंडों को उठाये
आगे बढ़ते लोग
क्यों बढ़ने नहीं देते अपने साथ इसे भी ?
क्या इसे हक नहीं देशभक्ति का ?
क्या हक नहीं एक गरीब को
समारोह में शामिल होने का ?
क्या देश इतना अमीर हो चुका है ?

# चूक

पिंजरे की क्या गलती
वह तो रख दिया गया था
बस एक जगह

चूहे को तो रोटी की सुगन्ध बुला रही थी
रोटी की भी क्या गलती
उसे भी कैद होना पड़ा पिंजरे में

जिसने पिंजरा रखा
उसकी क्या गलती
चीजों के कुतरे जाने से परेशान था

चूक सिर्फ चूहे की थी
वह गुप्त रास्तों को तो बखूबी पहचानता था
लेकिन जानलेवा रास्ते को नहीं!

# स्मारक

इस गाँव में नहीं था
किसी का भी स्मारक
जैसे कभी नहीं रहा हो
कोई इस गाँव का मसीहा

जबकि अनेक मुखिया रहे यहाँ
जी-तोड़ मेहनत की इसे सजाने के लिये
कुएँ खुदवाये, बिजली के तार लगवाये
पाठशालाएँ खोलीं, शिक्षक तैयार कराये
अपने सामर्थ्य भर बदलाव लाकर
वे मृत्यु को प्राप्त हुए

अब बात चली है स्मारक लगाने की
आ धमके हैं कई नए चेहरे
बड़े-बड़े कट आउट लेकर
भाड़े के लोगों द्वारा
अपने जयकारे से
गुँजा रहे पूरा गाँव
थर्रा रहा बन्दूकों के डर से लोगों का मन

अब स्मारक बनेगा उसी का
जो जीतेगा यह चुनाव

## संग्रहालय

किसी श्रमिक का हथौड़ा सामने पड़ा था
जैसे सोया हो बिल्कुल थककर

किसी योद्धा की तलवार भी थी
जैसे इन्तजार कर रही हो
युद्ध में जाने का

पुराने जमाने की पोशाकें भी थीं
करीने से सजाकर रखी हुई
चूल्हा, चक्की, बर्तन आदि के साथ
बहुत सारी चीजें थीं
पुराने लोगों द्वारा इस्तेमाल की हुई

सब कुछ मुझसे दूर
काँच के पीछे
लेकिन मेरी आँखों के सामने

मन किया बस इनमें से
उस सुन्दर बाँसुरी को उठा लूँ
एक बार बजाकर तो देखूँ
क्या अब भी वैसे ही मीठे सुर हैं इसमें

## उत्थान के नाम पर

सचमुच देश के लिये
मैंने कुछ नहीं किया

सीमा पर कोई लड़ाई नहीं लड़ी
नेताओं की भीड़ में शामिल नहीं हुआ
अखबार नहीं पढ़ा
टीवी नहीं देखा
किसी विद्यालय में नहीं गया
किताबों की शक्ल तक नहीं देखी

दुख है कि लोगों ने मुझे इतना दूर रखा
कि धर्म-स्थल तक में भी प्रवेश नहीं दिया
उत्सवों में भी शामिल नहीं किया

उस एकान्त में पड़ा रहा
जिसके उत्थान के नाम पर
समाजसेवी धन लूट रहे थे

## आशा

रुकी हुई ट्रेन से
जो भी फूल लेना चाहता था
बच्ची के हाथों से
उसमें कोई उसका पिता नहीं था

किसी की भी तस्वीर नहीं मिलती थी
लड़ाई पर गये पिता से

वह कितनी दूर और कहाँ गया था
यह भी उसे मालूम नहीं था
विश्वास था उसके लौटने का

ट्रेनें आतीं चली जातीं
वह आशा में बार-बार आती

उसके फूल कभी मुरझाए नहीं
हिम्मत कभी टूटी नहीं

## क्षमता

ठेकेदार ने बच्चे की ताकत आँकी
पहले चार ईंटें देकर
फिर छह और आखिर में
आठ का बोझ लेकर भी
मजबूती से खड़ा रहा

अब उसकी नौकरी पक्की थी
तनख्वाह बड़ों से आधी
मन मसोस कर रह गया

अब काम भी नहीं छोड़ सकता था
केवल चार ईंटें उठाकर
आधा काम भी नहीं कर सकता था

उसकी क्षमता को पहले ही
आँका जा चुका था!

## बराबरी

तुम्हें खुश होना चाहिए कि
स्टेशन पर सो पा रहे हो
फुटपाथ पर नहीं

तुम्हें नल का पानी मिल रहा है
नहीं जाना पड़ रहा कुएँ के पास

खुश रहो कि अभी नौकरी है
भिक्षा नहीं माँगनी पड़ रही

कपड़े हैं तुम्हारे पास
जो चिथड़े नहीं हैं

सभ्य भाषा में बातचीत कर सकते हो?
बगैर दूसरों के सहारे के

स्वाभिमान अभी जिन्दा है
मित्र भी बना पाते हो अनेक

फिर लड़ो, रुके क्यों हो
उनके लिये, जो तुम्हारी बराबरी में नहीं हैं!

## बारूद ही इनकी साँस

इन शस्त्रों से केवल बारूद छीन लो
चाहे टैंक हो या पिस्तौल
या राइफल या मिसाइलें
फिर सारे मामूली औजार हो जायेंगे

बारूद ही इनकी साँस
और यही मनुष्य से साँस छीनने का जरिया

कल जब शस्त्रों का प्रहार हो चारों ओर
एक बार जरूर सोचना
कितनों की साँसें हम छीन रहे हैं
कितनों को बर्बाद कर रहे हैं
भरकर साँस इन हथियारों में

## गर्व

इस चिथड़े हो चुकी कमीज में
हर जगह छेद हैं
जैसे हर जगह जख्म लगे हों
मिट्‌टी से बार-बार रगड़ खाने से
धूल-गन्दगी में बार-बार गिरने से

लगातार धुलाई ने
इसे और भी पतला कर दिया है
न जाने कितनी बार
औजारों के बोझ को इसने सहा होगा
पसीने को भी असंख्य बार पोंछा होगा

इतने सारे संघर्षों को पार करने वाली
इस कमीज से
आज साइकिल पोंछते हुए
खुशी महसूस कर रहा हूँ
कि इसने अभी तक दम नहीं तोड़ा है

## श्रमिक की जेब

शाम को जब कोट उतारकर रखता हूँ
इसमें अर्जित किये पैसे
सभी के काम आते हैं

बच्चे थोड़ा-सा अंश लेते हैं
पत्नी थोड़ा बड़ा अंश
घर खर्च चलाने को
माँ बहुत थोड़ा-सा
अपने मूँगफली खाने का शौक
पूरा करने के लिये

मैं बुरी तरह से थका हुआ
नहीं रोकता किसी को भी
दूसरे दिन बचे-खुचे पैसे साथ लिये
इन्हें चाय-नाश्ते में लगाकर
वापस श्रम में जुट जाता हूँ

इस तरह से हर दिन जेब खाली होती है
और फिर दोबारा भरती है

सोचता हूँ हर श्रमिक की जेब
सचमुच इतनी उदार और
एक कुएँ की तरह ही क्यों होती है

# नेम प्लेट

किसी पेड़ पर चिड़िया का नेम प्लेट नहीं होता
इसलिये अपनी प्रिय चिड़िया का पता ढूँढ़ने में
बेहद मुश्किल हुई

एक दिन सुबह-सुबह उसका पीछा किया
उसके साथ-साथ दौड़ता गया
मैं थक रहा था वह नहीं

कभी इस पेड़ पर तो कभी उस पेड़ पर
जैसे सभी पेड़ उसी के हों
मनुष्य के इतने सारे घर हों तो
वह अरबपति का दर्जा पा ले

अब इस वस्त्रहीन, संचयहीन
बिना नेम प्लेट वाली चिड़िया को
कौन-सा दर्जा दूँ
अमीर या गरीब दोस्त का?

# दरार

मैं उसका ससुर था
घर का मुखिया
लेकिन उसने कभी मुझे अपना पिता नहीं समझा
इसलिये गम्भीर बीमारी में भी
मेरी मदद नहीं ली

बच्चों का पालन–पोषण भी स्वयं करना चाहा
इनको भी मुझसे दूर रखा

अपनी मौजूदगी, अपने कदम
अपनी सेवाओं
सभी से मुझे दूर रखा

हम सब एक साथ थे
फिर भी कितने अलग

कितना आसान है
किसी के लिये
अपनी जिद और अहंकार से
घर में दरार पैदा कर देना!

## उसे पता नहीं

अखबारों में बड़ी-बड़ी खबरें होती हैं
सारी दुनिया की
अंकुरित होने से पेड़ बनने तक की
जिन्हें बेचता रहता है यह बच्चा घूम-घूमकर
ट्रैफिक सिगनल के आस-पास
शाम होते ही जो पैसे मिलते हैं
रख देता है ब्रोकर के हाथों में

वह खबरें बेचता है जरूर
लेकिन जो लिखा होता इसमें
उसके बारे में कुछ भी पता नहीं
राजनीतिक हलचलों के बारे में उसे पता नहीं
अकाल और बाढ़-पीड़ितों के बारे में पता नहीं
अपहरण और बलात्कार की
घटनाओं के बारे में भी नहीं

यहाँ तक कि बाल श्रमिकों के विरोध में
जो खबर, तस्वीर के साथ छपी है आज मुखपृष्ठ पर
वह उसी की है, यह भी उसे पता नहीं!

## माँ का प्यार

ठीक मृत्यु से पहले माँ ने
रख दिया था ढेर सारा अचार
एक बरनी में बनाकर
जिसके सहारे बच्चे रोटियाँ खाते रहे

समय लगा पिता को खाना बनाना सीखने में
हर कौर को इसी के साथ चखते हुए
सभी ने माँ को याद किया

जिस दिन खत्म हुआ पूरा अचार
सन्नाटा था बरनी में

फिर भी लग रहा था
कुछ-न-कुछ बचा हो जैसे इसमें

फिर इसे कभी भरा नहीं गया
सजाकर रख दिया गया
काँच की अलमारी में

जैसे यह बरनी नहीं
माँ का प्यार हो!

# अगर हम लौट आयें

बारिश रोकने के लिये
आसमान जितना ऊँचा छाता
कभी नहीं चाहिए
सिर्फ सिर की ऊँचाई तक काफी

फिर भी हम समझते कहाँ
हमेशा आकाश छूना चाहते
यही हमारा शिखर
बार-बार इसी की ओर देखते
मन तक को भी वहाँ ले जाते हैं
पाने के लिये
चाँद-तारे, सब कुछ

भूल जाते हैं कि
हमारे पाँवों का आधार है जमीन
जहाँ सम्भव है
मिलजुल कर रहना

हर कोई अपना हो सकता है
अगर हम लौट आयें
वापस यहाँ

## धक्का-मुक्की

भीड़ की तेज धक्का-मुक्की में
अनेक गिरे
कुछ तुरन्त खड़े हो गये
कुछ को मित्रों ने उठाया

कुछ बेहद खास थे
उन्हें सुरक्षाकर्मियों ने उठाया

उनमें भी एक-दो तो बेहद खास थे
जिन्हें सारी भीड़ ने मिलकर उठाया

मारा गया वह वृद्ध बेचारा
थोड़ी-सी चोट खाकर
झलक मात्र देख पाया था
अपने भ्रष्ट नेता की!

## साधनहीन

बच्चे की तबीयत बहुत खराब है
उसे एक एम्बुलेंस चाहिए
इसे बुलाने का नम्बर
और फोन भी

कहाँ दौड़े आस-पास
सभी कोरे इसी तरह

बच्चा रो रहा है
लगातार रो रहा है
ज्वर से तप रहा शरीर
न ममता से इलाज
न ही घरेलू दवा से

पहले भी आई थीं
कितनी ही बार ऐसी विपत्तियाँ
हर बार इसी तरह
घबराया था वह
पर किसी को बचा न सका

इनके पास
हमेशा मौत ही आयी पहले
एम्बुलेंस बाद में!

## रंग

यह थोक दुकानदार
अनेक तरह के रंग घोलकर
सारी सब्जियों पर पोतने बैठा है

जब कि ये कृत्रिम रंग
नाखूनों में अच्छे लगते हैं
कलाकारों के चेहरों पर भी
और स्त्रियाँ भी लगाती हैं
पुरुषों को रिझाने के लिये

अब शुरू हो गया सब्जियाँ पर भी
लगाने का यह रिवाज

जल्दी ही ये सब्जियाँ
डूबकर रंगीन पानी में
रंग-बिरंगी होकर निकलीं
सजा दी गयीं बाजार में

अब ये ग्राहकों को पसंद आने लगीं
इनके दाम भी अधिक देने लगे

जिन्हें तोड़कर लाया गया था
खेतों से अभी-अभी
उनकी तरफ तो देखा भी नहीं किसी ने

सच है इस जमाने में
वही सबसे अधिक सफल
जो माहिर हो रंग बदलने में

## विदाई

आज उसकी विदाई का दिन था
कल से नहीं आ सकेगा कारखाने में
इसलिये उत्सव मनाया जा रहा है
छोटे-से कमरे में

दोस्तों ने नए कपड़े पहनाए उसे
जो सूट की तरह लगते थे
टाई भी बाँधी उसने
जीवन में पहली बार
टोपी थी हेलमेट के बदले
बढ़िया जूते थे सेफ्टीबूट के बदले
एक छड़ी भी पकड़ा दी हाथों में

मंच पर भी पहली बार ही
बैठा है वह जीवन में
बोलने को कहा गया तो
दो शब्द भी बोल न पाया
केवल आँसू बहाए विदाई के

सब कुछ नया है आज
बदला हुआ-सा, खुशियों से भरा

इस खुशी को
आगे कायम रखना
कैसे सम्भव होगा
नहीं मालूम उसे!

# अकेलापन

मेरी खिड़की थोड़ी दूर है
बालकनी सड़क से नजदीक
मैं लोगों को गुजरते देखता हूँ
वे मुझे नहीं

मैं सभी की जल्दबाजी देखता हूँ
उनकी घबराहट
और आपस की मित्रता भी

पाँव-ही-पाँव, चेहरे-ही-चेहरे
गाड़ियाँ और स्कूटर
सभी आगे बढ़ते
जैसे नदी का प्रवाह
या असंख्य छाया का एक साथ बढ़ना

मेरी छाया रुकी हुई
नहीं शामिल इनमें

मेरा अकेलापन
ढूँढ़ रहा जैसे अपना कोई साथी
इस भीड़ में

## छाता

तुम्हें धूप लगती है न!
कोई बात नहीं
मैं खड़ा हूँ निकट
और मेरे छाते का
एक छोर तुम्हारी ओर

लेकिन खड़े मत रहो
काम करो
मिट्टी खोदो, घास हटाओ
फूल लगाने की तैयारी करो
कुत्तों को नहलाओ, बर्तन पोंछो
बाकी सारे काम भी

खुश हुआ तो हमेशा के लिये
इसका एक छोर, बिल्कुल तुम्हारा
बाद में तुम्हारे बेटे के लिये भी

मेरा बेटा भी बड़ा हो रहा है
तुम्हारे बेटे की तरह
वह भी इसी तरह छाँव देगा

# पानी की बोतल

नल का पानी पीने योग्य नहीं
मत पियो इसे
न ही बर्बाद करो

जाने दो इसे हमारे कारखाने में
साफ करके भर देंगे बोतलों में

मुफ्त की चीजें मत पियो
सस्ती चीजें बेकार
ध्यान रखो सेहत का

जल ही जीवन है
शुद्ध जल का उपयोग करो

थोड़े-से खर्च में
खरीदो इसे हमसे
जितनी जरूरत उतना ही इस्तेमाल करो
कुएँ, तालाब, नल सबको भूल जाओ

बाजार में है तुम्हारा इन्तजार
जहाँ भी भोजन, वहाँ हमारी बोतलें
दोनों की खूब पटती है आजकल

# निर्णय

सभासदों ने निर्णय लिया
अपने राजा को सिद्धार्थ बनाये रखो
इसे किसी भिखारी को मत दिखलाओ
किसी गरीब को नहीं
इलाज के लिये तड़पते मरीज को भी नहीं

न ही कोई टूट-फूट वाला घर
और न ही कोई झोंपड़ी

अभाव के सामने
यह हमेशा अन्धे रहें
संसर्ग इनका अमीरों के साथ रहे
यह केवल खुशियाँ देखें
बाग-बगीचे देखें, लेकिन कामगार नहीं
कारखाने देखें लेकिन मजदूर नहीं

तभी यह जब भी सोचेगा
केवल हमारे लिये

## स्वर्ग नहीं उतरता यहाँ

हर झोंपड़ी में लालटेन जल रही
हर झोंपड़ी में चूल्हा जल रहा
हर झोंपड़ी से धुआँ निकल रहा
थोड़ी-थोड़ी रोशनी घर के बाहर
धीमी-धीमी बातचीत हर द्वार पर

गलीनुमा रास्ता चारों ओर
कहीं बिल्ली तो कहीं कुत्ते बैठे हुए
बचा-खुचा पाने की आस में
अँधेरा ढके हुए सभी की छत को

अनेक खाना खा रहे हैं
अनेक बैठे पकने के इन्तजार में

छोटी-सी जगह यह, छोटा-सा समूह
श्रमिक-ही-श्रमिक चारों ओर
सुगन्ध-ही-सुगन्ध रोटियों की
थकान-ही-थकान हर शरीर में

मालूम नहीं फिर भी क्यों
कभी स्वर्ग नहीं उतरता यहाँ

## लड़ाई थमती नहीं

जमीन से कुछ भी नहीं दिखता
किस पतंग का धागा
कितना मजबूत और धारदार
और कितना अधिक होशियार उसे उड़ाने वाला

सभी की पतंग उड़ रही आकाश में
अपने लिये जगह बनाती हुई

सभी में चेष्टा एक ही है
केवल उसी की उड़े
केवल उसी का रंग दिखे
जैसे पक्षी उड़ रहे, वैसे यह भी

देखना नहीं चाहतीं एक-दूसरे को
लड़ जाती हैं दूसरे को काटने को
लड़ती रहती हैं लगातार
जिसकी कटी दूसरी उड़ाता है
हारता कोई नहीं

सभी के सिपाही जैसे आसमान में
सभी करते बार-बार जीतने का प्रयास
लड़ाई थमती नहीं कभी दुनिया में

## पिता की बाँसुरी

मेरे पिता जब बाँसुरी बजाते
मैं खिड़की से
उनकी तल्लीनता देखता
और सुनता मधुर आवाज

धीरे-धीरे गाँव के कुछ लोग इकट्ठा होते
उनके साथ शामिल होकर सुनता
वे बजाते-बजाते हाट की तरफ बढ़ते
मैं भी पीछे-पीछे जाता

शाम होने पर
वे चरवाहों के पीछे-पीछे आते बजाते हुए
देर शाम बुजुर्गों के पास बजाते
रात में मेरी माँ के पास बैठकर
मैं वहाँ भी माँ की गोद में बैठकर सुनता

जब सो जाते पिता
शान्त हो जाता सारा गाँव
अँधेरा पसरा होता चारों ओर
मैं चुपके से छू लेता उसे

# कठपुतली

इस कठपुतली की दुनिया में
एक लड़की ईंट ढोती है
दूसरा लड़का चाय पहुँचाता है
तीसरा पटाखे बनाता है
चौथा रंग पोतता है

अनेक हैं इसमें
आदेश मिलते ही काम करने वाले

कितना सुन्दर सामंजस्य इनका
कोई थकता नहीं
न ही दुख प्रकट करता
पसीना तक नहीं बहाता

सिर इनका हमेशा
लटकता रहता है धागों से
जिसे फाँसी तो नहीं कह सकते
लेकिन उससे कम भी नहीं

## छत

इन्हें भी चाव है स्थिरता का
और शौक कि लोग आयें, बैठें-टहलें उसमें कुछ देर
उपयोग किया जाये उसका अच्छी तरह से

नीचे भी दीवारों से घिरी खोखली नहीं है यह
क्षमता है इसमें सब कुछ समा लेने की
चाहे बिस्तर, मेज या रसोई के सामान

कैसी भी छत हो इस दुनिया की
अपने ऊपर धूप सहती है
और नीचे देती है छाँव
अपनी उम्र के आखिर तक

जिस दिन उजड़ती है यह
उस दिन महसूस होता है
कितना बड़ा आकाश ढोती थी
यह अपने सिर पर

# आग

चीजों के राख में बदल जाने के बाद
कुछ भी मालूम नहीं होता
इसका पिछला स्वरूप क्या था

आग जलाती है सभी को बिना भेद-भाव के
प्राप्त करती है अपनी खुराक नरम चीजों से
और पकड़ने को बढ़ती है सख्ती की ओर
लेकिन उतनी ही आसानी से बाँध लेते हैं इसे
छोटे-से मिट्टी के दीये भी, अपने आकार में

जबकि सूरज की आग की हमें परवाह नहीं
न ही डर है चाँद-सितारों से
क्योंकि ये दूरस्थ मित्र हैं हमारे
रोटी की तरह हमारा पोषण करते हुए

वह आग बेहद डरावनी हो सकती है कल
जो अभी बन्द है किसी माचिस की डिबिया में
और जिसे शैतानी हाथ ढूँढ़ रहे हैं घुप अँधेरे में

## संग्रह

किसी भी अनुपयोगी का संग्रह
हमारे सामर्थ्य में नहीं
बेहद जरूरी सामानों तक को भी
जुटाते-जुटाते
थक जाते हैं हम हर दिन

हम तो श्रमिक हैं
हर दिन तनख्वाह पाने वाले
अगर यह नींद भी जरूरी न हो तो
इसे भी शरीर से त्याग दें!

# वसीयत

मैं फूल हूँ, दो-चार दिनों की आयु वाला
जिसके दिल में जो आये
जो जिस तरह से चाहता है मुझे प्राप्त कर ले

मधुमक्खियाँ पराग चूस लें
इत्र बनाने वाले पंखुड़ियाँ
प्रकृति प्रेमी मुझे आँखों में बसा लें
अमीर अपने कमरों में सजा लें
पुजारी देव स्थल पर चढ़ा दें
सुन्दरियाँ सजा लें अपने बालों में

जिसे जो पाना है वो जल्दी करे
सूख रहा हूँ मैं हर पल
नजदीक जा रहा हूँ मृत्यु के

इसके बाद अपनी वसीयत लिखने के लिये
एक धेला भी नहीं होगा मेरे पास

## लूटने का तरीका

जिसने मेरा काम छीना था
मन में आता है
उसे घूँसे से मारकर मौत ही दे दूँ

मुझे तो उस वक्त मामूली कपड़े ही मिले थे
उसे तो सूट और टाई भी
मैं तो अपनी चाय खुद लाता था
उसे तो देने वाले कई लोग

मुझे तो हमेशा डाँट मिली
उसके पास दूसरों को डाँटने का अधिकार था

सारी बातों को यदि याद करूँ तो
वर्षों तक हुआ था मेरा तिरस्कार
मुझे केवल मिट्टी समझा गया
और कम्पनी के लिये भार

हर एक नौकरी में ऐसा ही हुआ
एक ही बात का दोषारोपण था मुझ पर
मैं पुराने ढंग से काम करता हूँ

जबकि बाजार बदल चुका है
इसे लूटने का तरीका मुझे नहीं आता!

## हारता नहीं हूँ कभी मैं

जब मैं एक फीट गड्ढा खोदता हूँ
उसकी तनख्वाह से
परिवार का एक सदस्य पलता है

दो फीट खोदने पर दो
शाम होते-होते पाँच फीट खोद डालता हूँ
और बुरी तरह थककर
बाहर निकलता हूँ

इस तरह अपने चार सदस्यों के अलावा
इस एक अतिरिक्त फीट की कमाई से
आपदा के लिये थोड़े पैसे बचा लेता हूँ
जो मेरी जमा-पूँजी है

मैं इसी तरह से
साल में तीन सौ फीट अतिरिक्त खुदाई करता हूँ
अगर कोई आपदा नहीं हुई घर में तो
आने वाले दिनों में
जरूर खरीद पाऊँगा एक घर
पक्का और मजबूत

यह अतिरिक्त खुदाई ही है साधन
मुझे बचाने और मेरे सपने पूरे करने का
इसलिये बुरी तरह से थक जाने पर भी
इस गहराई से हारता नहीं हूँ कभी!

## दिनचर्या

मत कहो उसे बूढ़ा और लाचार
सुबह-सुबह पक्षियों से पहले वह उठता है
पानी सींचता है
साग-सब्जियों और फूलों के पौधों में

दाने परोसता है
पालतू मवेशियों को
फिर टहलता है कुछ दूर
और लौटकर चाय चढ़ाता है
स्वयं और पत्नी के लिये

नाश्ते के बाद
फिर थाम लेता है कोई नया काम
पास के गाँव से खाद्य सामग्री लाने का
लौटकर अखबार पढ़ने का, पत्र लिखने का

फिर खाना पकाता है
पड़ोसियों से मिलता है
थकता नहीं शाम तक भी

इसके बाद भी
डूबते सूरज को देखता हुआ
उसी से रंग चुराकर
देर रात तक तस्वीरें बनाता रहता है
थकता है केवल नींद में जाकर

## अब ये नींव हो गये

अब पाँव हमारे दुखते नहीं
ये खड़े-खड़े, अच्छे दिनों के इन्तजार में
बाँस हो गये हैं
धीरे-धीरे सीढ़ी हो गये
घबराहट नहीं होती
जब कोई इन पर चढ़कर ऊपर जाता है
अपनी ध्वजा फहराता है
हम देखते रहते हैं
नहीं दुखते सचमुच हमारे पाँव
अब ये नींव हो गये हैं

# सबसे खतरनाक

अगर सताने वाले हाथ गिनूँ तो
समुद्र की लहरों से कम न होंगे

इनमें से हिंसक हाथ छोड़ दूँ तो
संख्या आधी हो जाये

बलात्कारी छोड़ दूँ तो और कम
झूठे और ठगों को भी छोड़ दूँ तो और कम

कम होते-होते, सबसे कम कौन रह जायेंगे?
शायद दस या बीस लोग

जो होंगे सबसे खतरनाक
अपने बीभत्स विचारों को
इन्हीं के बीच फैलाने वाले!

# गवाही

यहाँ गवाही देना जुर्म है
सच्ची आँख बनना भी
किसी को न्याय दिलाना भी जुर्म है

वे मुझे कठघरे से दूर देखना चाहते हैं
धमकियाँ दे चुके हैं बार-बार
दोबारा अदालत नहीं आने की

मैं तरस खाता हूँ
उसके ऊपर लगे आरोप के लिये
उस निरपराध की हालत पर
उसके खून का अपराध कौन क्षमा करेगा

अगर जज के सामने सच नहीं बोलूँगा
तो फिर कहाँ बोलूँगा

ऐसा नहीं किया तो
झूठ हावी होता जायेगा समाज पर
फिर तो धमकियों के सहारे ही होंगे फैसले

## मदद अभी बहुत दूर

इस धरती पर
अभी–अभी लड़ाई खत्म हुई है
इसलिये धूल है, बारूद है
गन्ध है मृतकों की
लेकिन रोटी नहीं, दूध नहीं
अकाल भी तन से धुन्ध की तरह जुड़ा हुआ

सूख चुके खेत–खलिहान
नष्ट हो चुके कुएँ और तालाब
फट चुकीं पाइपें जल पहुँचाने वाली
देखता हूँ वापस जाती सैनिक गाड़ियों को
सुनता हूँ टैंकों की गड़गड़ाहट
और देखता हूँ काँपते चेहरे चारों ओर

कैसे यहाँ से निकलूँ
किस तरह भूखे–प्यासे आगे बढ़ूँ

अब इन सबसे स्वयं ही लड़ना होगा
मदद अभी बहुत दूर है!

# कोट

इस पुराने कोट को देखकर
बहुत आश्चर्य हुआ
न जाने कितने वर्षों से
इसे ही पहनता आया हूँ
न यह सिकुड़ा
न ही मुझमें कोई बदलाव हुआ
दोनों ही एक जैसे रहे
कभी जरूरत भी महसूस नहीं हुई
इसे बदलने की

नीचे की जेब में
काम के औजार रखता हूँ
ऊपर की जेब में पैसे
और एक छोटी-सी पुस्तक
भीतर की जेब में परिवार की तस्वीर
हृदय से बिल्कुल सटी हुई

पहनकर चलता हूँ जब इसे
मेरा परिवार भी
साथ-साथ चलता है

# चेतावनी का पर्चा

इन चिमनियों को सूरज से दुश्मनी क्यों
कि वे उसे पूरी तरह से ढकना चाहती हैं
हमेशा उनका मुँह आसमान की ओर ही
उधर ही धुआँ उगलता हुआ

इन्हें गिनना शुरू किया तो
लाखों की संख्या पार हो गयी

ये सब-की-सब बादलों के नीचे
फैला रही हैं कालिमा का साम्राज्य

मेरी दिलचस्पी सिर्फ प्रकाश में है
स्वच्छ हवा में है
वातावरण के अमृत में है
जबकि इनकी मेरे विपरीत

मैं इन पर भी सिगरेट की तरह
चेतावनी का पर्चा लगाना चाहता हूँ

## मैं

सूरज अमीर है
ढेर सारा प्रकाश उसके पास
समुद्र भी अमीर
ढेर सारी लहरों से गतिमान

पहाड़ भी अमीर
किसी के बल से नहीं हिलते
अपार दृढ़ता लिये हुए स्थापित

फिर भला मैं कैसे इनसे बराबरी करूँ
जब सभी तरह से कमजोर
तनख्वाह भी मेरी छोटी–सी
तन का पसीना भी नहीं बचा पाता
पाँव भी थक जाते हैं हर शाम

बस एक ही बड़ी खूबी है मेरे पास
संघर्ष के असंख्य हथौड़े की मार से भी
मेरी हिम्मत टूटती नहीं!

# मूलधन के साथ ब्याज

अब सिर्फ एक दवा की गोली से
नहीं चल सकेगी जिन्दगी
डॉक्टर ने इसे बढ़ाकर दो कर दी

इससे भी वह खड़ा न हो सका
एक साथ चार करनी पड़ी
फिर अनेक बीमारियों के उपद्रव से
संख्या दस तक पहुँच गयी
और बिल हजारों में

इन्हें बारी-बारी से लेते हुए
अब सक्षम था मरीज खड़ा होने में
लेकिन चढ़ चुके उधार को
चुका सकने में समर्थ नहीं

उसकी एक-एक साँस
इतनी महँगी होती जा रही थी
जैसे मूलधन के साथ
ब्याज जुड़ता जा रहा हो हर दिन

# ईश्वर भी एक ही है

लगभग एक ही तरह का शंख था
सभी पुजारियों के पास

एक तरह की लिखी नमाज को
पढ़ते थे सारे मौलवी

एक ही तरह का क्रॉस लटकाये
खड़े थे सारे पादरी गले में

उँगलियाँ भी सभी की उठी हुई थीं
एक ही तरह से आकाश की ओर
इंगित करती हुई
ईसा, खुदा और ईश्वर को

सारे मनुष्य भी एक जैसे थे
अगर किसी को समुदाय विशेष में
विभाजित न किया गया होता

वैसे ही ईश्वर भी एक ही है
अगर कोई नाम न दिया जाये!

## बदलाव में भी हँसते हुए

जल का प्रवाह
एक सुई के छेद से लेकर
सुरंग, गुफा, पथरीले इलाकों तक को
प्यार से छूते हुए
दूर निकल जाता है
या सोख लिया जाता है
फसलों से भरी जमीन में

तब भी बदले हुए आकार में
ठहरा रहता है जड़ों के भीतर
और डालियों के सूक्ष्म मार्ग में भी
बढ़ने से नहीं घबराता

दिखता है फिर हरियाली का रूप धरकर
इतने सारे बदलावों में भी हँसते हुए!

# श्रम ही मेरा जीवन है

भूख मेरे सिर से लेकर पाँव तक फैली है
जल्दी से मुझे कुछ उपजाना है

आज और कल की भूख को सह जाऊँगा
परसों की नहीं

चाहता हूँ जल्द-से-जल्द मेरी फसल बढ़े
विकास हो उसका
मेरी भूख की तीव्रता की तरह
उनके दाने पककर
जल्दी ही मेरी जीभ पर हों

सचमुच यही मेरा सपना है
मैं कुछ भी संचित नहीं कर पाता
हर दिन का श्रम ही
देता है मुझे जीवन!

## पसीज जाता हूँ

मित्रो मुझसे ईर्ष्या मत करना कि
मैं फूल ढोने जैसा आसान काम करता हूँ

इतना आसान कि
कभी थकने का अवसर ही नहीं मिलता
और इसमें इज्जत भी खूब

खरीददार तक राह देखते रहते हैं मेरी
हाथों-हाथ बिक जाते हैं सारे फूल
धर्म स्थल के आगे सजी दुकानों में

थोड़ी देर बैठकर सुस्ता भी लेता हूँ
मुँह भी मीठा कर लेता हूँ प्रसाद से

बस वापसी पर यह खाली टोकरी
सूनी-सूनी लगती है
सूना-सूना लगता है यह कन्धा

कभी-कभी पसीज जाता हूँ भीतर तक
दूसरों के कन्धों पर भार लदा देखकर

# परम्परा

उसके पास ढेर सारे पैसे थे
इसलिये वह तनकर चलता था
बाकी उसके दम्भ के पीछे झुककर

वह अपने बुढ़ापे में भी तना रहा
मृत्यु तक भी

जाते-जाते उसने
तने रहने का काम
दे दिया अपने बेटों को

झुके हुए लोगों को भी
मृत्यु के बाद यह झुकने का काम
सौंपना पड़ा अपने बच्चों को
पुश्त-दर-पुश्त होता आया है ऐसा ही

# चिपके रहना

बड़ी विचित्र हैं ये छिपकलियाँ
चिपक जाती हैं दीवारों से
चिपक जाती हैं पेड़ों से
हर उस जगह भी
जहाँ चिपका सकती हों
अपने पैरों को
फिर सरकती रहती हैं टोह लेती
अपने शिकार की

यह बदनसीबी भी कितनी
छोटे-छोटे मच्छरों की
कि बैठे रोशनी में या पेड़ के आस-पास
समझें जब तक
इस सरकती चीज का आचरण
होते हैं उसके मुँह में

ऐसे ही चिपके रहते हैं कुछ लोग
सत्ता की कुर्सी से पीढ़ी-दर-पीढ़ी
हम भी कहाँ समझ पाते हैं उनको

## सम्भावना

झड़े हुए पेड़ को
खूबसूरत होने में अधिक समय नहीं लगेगा
जल्द ही हरियाली लौट आयेगी
फल–फूल लेकर
आशावान हूँ

आशावान हूँ उस गिरे व्यक्ति को देखकर
जो सँभलने की कोशिश कर रहा है
जल्द उठ भी खड़ा होगा

हर मैले–कुचैले में भी
कोई साफ रंग जन्म लेने का
संकेत देखता हूँ

कद्र करता हूँ उस इंसान की
जो हारता नहीं
गिरता–उठता है बार–बार
सम्भावना देखता हूँ उसमें भी
सभी से आगे निकल जाने की

# बँटवारा

बँटवारे में सभी धन लेना चाहते थे
लेकिन माता-पिता की जिम्मेवारी नहीं

बच्चे बहस करते रहे
अपनी-अपनी समस्याएँ रखते रहे
फैसला हर बार रुक जाता था
माता-पिता की देख-रेख पर आकर

तराजू में एक तरफ माता-पिता थे
दूसरी ओर अपार धन
न्यायालय घर था और न्यायाधीश बच्चे

सभी को धन चाहिए था
लेकिन बुढ़ापे का भार नहीं
बात वृद्धाश्रम में रखने तक पहुँच गयी
इसलिये फैसला टल गया

बच्चे काम पर चले गये
बुढ़ापा फिर से
अच्छे समय का इन्तजार करने लगा!

## इच्छा

मैं अपनी नहीं
फूलों की लम्बी आयु चाहता हूँ
ये कभी मुरझाएँ नहीं

उतनी ही गरीबों की चाहता हूँ कि
इस पीढ़ी में ही अपनी दशा सुधार लें

मैं जंगलों को भी जीते देखना चाहता हूँ
अमरता का वरदान लिये हुए

हर चीज जो उपयोगी है
उसका नाश न हो कभी
न ही वे कभी पराजित

प्रत्येक अच्छी चीज को
कभी मरना नहीं चाहिए
भले मरती रहें जन्म लेते ही
दुनिया की सारी बुराइयाँ!

## बिछुड़ना

उसने एक-एक करके
मुझसे अपने सारे सामान माँगने शुरू किये

सबसे पहले वह वायलिन
जिसे हम साथ बैठकर बजाते थे
फिर किताबें जिन्हें पढ़कर गीत गाते थे
शृंगार का डिब्बा
जो उसके चेहरे को निखारता था
अपने सारे कपड़े भी
विशेष अवसरों पर पहने जाने वाले
धीरे-धीरे सब कुछ वापस लेती गयी

एक दिन कुछ भी न बचा
अपना प्रेम तक वापस ले लिया

सब कुछ इतनी शालीनता से कि
उसने मुझसे बिछुड़कर भी
अपने न होने का
कोई दुख नहीं छोड़ा मेरे पास
सिवाय सिर्फ खालीपन के

## रफ्तार

उन्हें तेज रफ्तार चाहिए
कछुए जैसी सुस्ती नहीं
रफ्तार उन सभी से तेज
जितनी कि अब तक पैदा हो चुकी है

ट्रेन की रफ्तार बढ़नी चाहिए
वायुयानों की भी
सोचने की और हाथों के चलने की भी

पीछे छूटने वालों की कोई फिक्र नहीं यहाँ
धीमे हो चुके उनकी कोई फिक्र नहीं
दम तोड़ने वालों की भी कोई फिक्र नहीं

जिस पृथ्वी पर बैठे हैं
उसकी रफ्तार में भी वृद्धि चाहिए

अब मौत ने भी अपनी रफ्तार तेज कर दी है!

# सहारा

ये फूलों की लतर
देखते-देखते पेड़ के तने पर चढ़ गयी

अब डालियों को स्पर्श करती
शीर्ष तक पहुँच गयी
और अपनी खूबसूरती बिखेरने लगी

कितना सुन्दर सपना है
इन नन्ही चीजों के पास भी

अगर पेड़ आकाश जितना ऊँचा हो
तो उसे भी स्पर्श कर लेती हैं

बस दृढ़ सहारा चाहिए
कमजोर पाँवों को!

# गवाही ही विरोध है

देखो मैं फिर आ गया हूँ
उसी कुर्ते–पायजामे में
कन्धे पर थैला लटकाये
फिर से गवाह बनने

नहीं किसी अदालत में
बल्कि तुम लोगों के सामने
अपने समाज में

कि जो भी अन्याय हो रहा
तुम सबके सामने
सभी की गवाही तुम्हें देनी है

यह गवाही ही विरोध है
यही हमारी ताकत है

जो नहीं देना चाहता
समझो वही हमारी जड़ें खोद रहा है

# नाव

महीने भर की मेहनत के बाद
बनी नाव को देखते ही
कह दिया उस्ताद ने
यह नहीं चलेगी
पानी इसे डुबो देगा

पानी को जीतना है तो उसमें कला भरो
भार को सन्तुलित करो
और जान फूँको इस तरह कि
तरल सतह पर भारहीन होकर चले
फिसले केवल उस पर, डूबे नहीं

सुनता रहा ध्यान से वह सारी बातें
इतना जरूर समझ में आया कि
नाव को बना लेना काफी नहीं

उसमें पानी में टिके रहने की
कला भरनी भी जरूरी!

# याचना

बच्चा कागज की नाव को कहाँ चलायेगा
इसे तैरते देखने का सुख
कहाँ से पायेगा

नदी और तालाब सभी कोसों दूर
वहाँ जाने का कोई उपाय भी नहीं

हाथ में नाव लिये सोचता रहता है बच्चा
दुविधा में ललचाये हुए
समुद्र को टीवी पर देखता है
निवेदन करता है बारिश से
अगर वह थोड़ा खुश हो जाये
तेज रफ्तार से भर दे आस–पास की धरती को
तो इसे चलाने का आनन्द जरूर ले संकता है

उसकी याचना में सूखे से परेशान
एक किसान का दर्द नजर आया

# अस्वीकार

सूखी नदी में पानी भरने का
इन्तजार कर रहे हैं बच्चे
उसमें पत्थर फेंकने का
उसमें तैरने का
पानी से खेलने का इन्तजार कर रहे हैं बच्चे

बार–बार पूछते हैं पिता से
पानी कितना दूर है
कब लौटेगा इसमें
पिता कहता बस इन्तजार करो
कभी भी आ सकता है
न आए तो बारिश इसे भरेगी
बारिश भी नहीं आयी तो
हम दूसरी तलाशेंगे

बच्चे सन्न रह जाते
सोचते नदी भी उनकी अभिभावक ही है
जरूर काम पर गयी होगी बादलों के पास
या किसी अज्ञात जगह
फिर कैसे नहीं लौटेगी
अस्वीकार कर देते पिता के उत्तर को!

## तलाक

वे सोचते रहे विगत की कड़वाहट को
देखते रहे एक-दूसरे को
गुस्से से वकील के सामने

पेपर तैयार हो रहे थे
हस्ताक्षर होने वाले थे
थोड़ी ही देर में

लेकिन जोरों की भूख ने
उन्हें अलग न होने दिया

रोटियाँ खरीदकर उसके दो हिस्से किये
उसे आधा दिया
स्वयं आधा लिया

दोनों में स्वाद एक ही था
लेकिन घर जैसा नहीं
जिसे पाने के लिये
वे वापस घर लौट चले!

# तरीका

भक्तों की जो भीड़
उसके आस-पास घूमती थी
उन्हें बेवकूफ नहीं कहूँगा

जैसे सभी को एक-दूसरे का साथ चाहिए
इसलिये पास-पास थे
बेजोड़ लगाव के साथ
घंटों वे साथ रह सकते थे
जाने की इच्छा भी नहीं होती
ना ही ऊबते प्रवचनों से

कुछ तो था बाबा में अद्‌भुत तेज
लोगों को आकर्षित करने वाला

सचमुच भक्त बेवकूफ नहीं थे
लेकिन बाबा के पास तरीका था
उन्हें बेवकूफ बनाये रखने का

## छुट्टियों में वापसी

जब मजबूरीवश भगोड़े की तरह
मैं शहर की ओर भागा
किसी को दया नहीं आयी

वहाँ भी दिन-रात की थकान के बाद
अधिक-से-अधिक पैसे भेजता रहा
तब भी किसी को दया नहीं आयी
किसी ने मना नहीं किया

मैं भी खुश था
सोचकर गाँव समृद्ध हो रहा होगा
बाकी मित्र भी यही सोचते रहे

कितने ही साल बीत गये हैं
इस तरह पैसे भेजते-भेजते
कहाँ गये पैसे, कितनों का उधार चुकाया गया
बूढ़े पिता से कभी नहीं पूछता

हर बार उसी पुरानी झोंपड़ी में
छुट्टियों में वापस आता हूँ!

## अँधेरा

आज की रात के लिये
अपने द्वार खोल दो
इसे भीतर आने दो

स्वागत करो इसका
अँधेरे में ही रहकर
बिना कोई बत्ती जलाये

इसी के साथ रहो
इसे ही महसूस.करो
आदी हो जाओ इसके साथ रहने का

फिर भले प्रकाश न रहे
डरोगे तो नहीं अगली बार

जब यह अँधेरा
ढेर सारी मुश्किलें लेकर
आयेगा अचानक!

# किसी ने नहीं देखा

किसी ने नहीं जाना
कैसे उसकी मौत हुई
किसी ने नहीं देखा
वह कितनी करहाई थी

न मारने वाले का चाकू देखा
न ही बन्दूक की गोली
न ही तड़पते हुए उसका खून

अधिक उम्र नहीं थी उसकी
माँ बनने का सुख भी नहीं मिला होगा
किसी की बहन थी या नहीं, यह पता नहीं
बेटी जरूर थी किसी माँ की
वह भी कहाँ, कुछ पता नहीं

यह जरूर हो सकती थी
किसी की प्रेयसी
किसी के घर की शान
जो अभी पड़ी है सड़क पर
केवल एक लाश की तरह

अभी भी इतनी प्यारी
दया आती है बार-बार
क्यों मैं पहले यहाँ तक नहीं पहुँचा

## दृढ़ता

बुढ़ापे में उसका शरीर
सभी तरह से कमजोर हो गया था

हर चीज छूट जाती थी हाथों से
लड़खड़ाने लगते थे पाँव भी

लेकिन थामता था जब हाथ
प्यार से किसी अपने का

दृढ़ता दिखलाई देती थी उनमें
अपार स्नेह की!

## बच्चो रोओ मत!

बच्चो रोओ मत!
बचाकर रखो अपने आँसुओं को
तुम्हें दुखी नहीं देख पायेगी माँ
उसके पास तो आँसू भी नहीं
सारे मेरे लिए खर्च कर दिए
अब उधार कौन देगा

बच्चो रोओ मत!
तुम्हारी उदासी
पूरे घर में दहशत फैला रही
नष्ट कर रही है प्रेम को
जिसके बिना हम जी नहीं सकते

बच्चो हँसो, खिलखिलाओ अपने लिए
मेरे लिए, माँ के लिए
इस घर के लिए

अब तुम्हें रोना नहीं चाहिए
तुम्हारे आँसू हैं बेशकीमती

# हाथ छुड़ा लिया

बच्चा देखते–देखते
दो तल्ले पर चढ़ गया

जब नहीं उतरा
पिता मदद करने गया

तब तक तीन तल्ले पर चढ़ चुका था
वहाँ भी नहीं रोक सका पिता

अब वह सातवीं मंजिल पर था
अपना पीछा करते पिता को देखकर
हँसते हुए अन्तिम सीढ़ी पारकर छत पर था
खुली हवा में
और पूरे शहर का नजारा देख रहा था

पिता ने कहा अब चलो बहुत हो चुका
बच्चा देखता रहा आसमान की तरफ
इससे भी ऊँचा कैसे जाया जा सकता है
और हाथ छुड़ा लिया पिता से

# वह दोबारा नहीं आयेगा

तुम अपने बूढ़े पिता से
मधुर मुस्कान की उम्मीद न रखो
उससे अधिक प्यार की उम्मीद भी न रखो
देखो कितना धीरे-धीरे टहलता है
धरती कितनी छोटी हो गयी है?

भोजन की तरफ भी
हाथ धीरे-धीरे बढ़ाता है
हाथ छोटे हो गये हैं
जीवन छोटा हो गया है

उसे तो जी भर जी लेने दो
चाहे दवा के सहारे या प्यार के सहारे

अन्तिम मौका है जो हाथ से छूट रहा है
अब वह दोबारा नहीं आयेगा
तुम्हें जन्म देने के लिये!

# इसी के सहारे

हवा धीरे–धीरे बहो
बिल्कुल शान्त होकर

डरता हूँ कहीं मेरी मोमबत्ती न बुझ जाये
फिर कैसे देखूँगा
अँधेरा जो पसरा है आस–पास
वह और बढ़ जायेगा

अर्जी देने की अदालत में
मेरी आखिरी कोशिश भी खत्म हो जायेगी

मत छीनो मुझसे मेरा उजाला
हाथ की परछाईं जितना ही बचा है यह

इसी के सहारे जीतनी है
मुझे अपनी आगे की लड़ाई

## वास्तविकता

उन्होंने देने के नाम पर तो
बहुत कुछ दिया था
लेकिन वास्तव में
कुछ भी न मिला था

कुएँ थे लेकिन गहराई नहीं
पंप थे लेकिन पानी नहीं
बीज थे लेकिन मरे हुए
हर चीज थी लेकिन
होने पर भी कुछ नहीं

इन सबकी शिकायतें भी थीं
बड़ी-बड़ी दरख्वास्तें थीं
बड़े-बड़े मुकदमे भी
लेकिन सिर्फ फाइलों में
सुनवाई में एक भी नहीं!

## कहो उनसे

हे मेरे ईश्वर
कब तक रखोगे अँधेरे में
थोड़ा-सा प्रकाश तो दिला दो

जबकि भरपूर रोशनियों से
चमक रहे हैं तुम्हारे गुम्बज
महिमा गान की ध्वनियाँ चारों ओर
अभाव जिसे कहते हैं वह कहीं नहीं

जबकि मेरे पास अभाव है
इसके सिवा कुछ भी नहीं

कितने वर्षों तक और रोना है
इसकी भी जानकारी नहीं

मैं वैसी कश्ती में बैठा हूँ
जहाँ चाँद-सितारे सब कुछ दिखते हैं
हमेशा उनके पास चमक

कम-से-कम कहो उनसे
वे ले लें मेरा थोड़ा-सा अँधेरा!

## अन्तिम संस्कार

बैलों के मरने के बाद
गाड़ी पड़ी रही बाहर
बच्चे आकर बैठ जाते थे
उछल-कूद करते रहते

अचानक एक पहिया टूट गया
फिर भी वे नहीं माने
टूटी हुई का भी मजा लेने लगे

अब दूसरा भी टूट गया
यह बिल्कुल जमीन में पड़ी हुई थी
दीमकों ने चट करना शुरू कर दिया था

बेचने के लिये सोचा
सभी केवल लकड़ी के दाम देने को तैयार थे
हारकर स्वयं ही कुल्हाड़ी चलानी पड़ी

हर दिन थोड़ा-थोड़ा जलती रही
सामर्थ्य भर रोटियाँ सेंकती रही

जब थोड़ा भी अंश न बचा
पूरा हुआ उसका अन्तिम संस्कार

## नाराजगी

चिड़िया नाराज है
आज उसका घोंसला तोड़ दिया गया

उसकी नाराजगी है कि
उसे गोली मारने की कोशिश की गयी

नाराज है शिकारी से
जिसके जाल में फँसते-फँसते बची

नाराज है प्रदूषण से
जो अब और अधिक दमघोंटू हो रहा

नाराज है कुल्हाड़ियों से
जो पास के पेड़ काट रहीं

नाराज है उस घबराहट से
जिसने उसे ठीक से खाने-पीने न दिया

हताश है बहुत अधिक
अपनी छोटी-सी चोंच पर
जो किसी का कुछ भी बिगाड़ नहीं सकती!

## पेड़ की तरह

लकड़हारे के हाथ
पेड़ काटते-काटते लकड़ी हो गये
न वे मुड़ते हैं न ही ऊँचा उठते हैं
न ही अब कुल्हाड़ी थाम पाते हैं
धीरे-धीरे सूख रहे हैं
कभी भी गिर जायेंगे शरीर से

जिन्होंने करवाया था उनसे यह काम
चुपचाप दूर खिसक गये
इस देह को भी
पेड़ की तरह नष्ट किया

## पहाड़

हाँ पहाड़ भी मरते हैं
थोड़ा–थोड़ा करके हर दिन
चोटी से नहीं, आधार से
खोदे जाते हैं चूहों की तरह
बिल बनाने नहीं
इसकी देह मिटाने के लिये

हर दिन भेदा जाता
इनके पत्थरों को, मिट्टी को
गायब किया जाता अवशेषों को

ट्रक के ट्रक आते
फिर कहाँ जाते
यह किसी को नहीं मालूम

हर दिन पहाड़ की
ऊँचाई थोड़ी नीची
दूसरे दिन और नीची
एक दिन बौना–सा दिखता है
फिर बौना भी धँसा हुआ

अब उसे कोई नहीं छूता
यह बंट चुका होता है
टुकड़ों में

# भरोसा

उसने कहा तुम सब चुप रहो
न कुछ बोलो न कुछ लिखो
सिर्फ मेरे हाथ पकड़े रहो
मेरे पीछे-पीछे चलो
जहाँ भी ले जाता हूँ वहाँ चलो
साथ मगर मत छोड़ो

यह देखो खाई है
जहाँ पर तुम थे
यह समतल है जहाँ तुम्हें लाया हूँ
इन पहाड़ों को देखो
इतनी ऊँचाई पर तुम्हें ले जाना है

इस तरह नई-नई चीज दिखलाता रहा
नए-नए भरोसे दिलाता रहा
अंत में कहा धैर्य रखो
कुछ वर्ष और लगेंगे
सुन्दर-सा रिपोर्ट कार्ड तैयार करने में
फिर तुम सब अव्वल होगे
अच्छे जीवन के हकदार
अगर मुझे दुबारा विजयी बनाया तो!

## कभी थकता नहीं हूँ

पता नहीं किसके बल से
ठेला खींचता हूँ
किसके बल से पालकी ढोता हूँ
रिक्शा चलाता हूँ किसके बल से
कि अथाह श्रम के बाद भी नहीं थकता

क्या थकना मेरे लिये गुनाह है?
क्या थकने लगूँगा तो
श्रमिक नहीं कहलाऊँगा?
तो फिर इंसान तो कहलाऊँगा ना

लेकिन केवल मामूली इंसान बनकर
जिन्दा कैसे रहूँगा?
सोचता हूँ यह सब
शायद इसलिये कभी थकता नहीं हूँ!

## बटन का आविष्कार

छात्र पढ़ रहे हैं
लैपटॉप थामे हाथों में
अब लिखना नहीं पड़ता
बटन दाबते ही ए,बी,सी,डी
सब कुछ सामने उभर आता है

दुनिया में जो भी देखना चाहो
अपना देश, परदेश, दोस्त–यार
सभी मौजूद बिना श्रम के

सारी चीजें कैद हैं इसमें
जिसने जकड़ लिया है शरीर को
हाथ–पैर हिलाने–डुलाने तक की भी
कोई जरूरत नहीं

उतना ही आसान इन हिंसा करने वालों को
बटन दबाते ही सब कुछ नष्ट

मालूम नहीं इस बटन का आविष्कार
पढ़ाई के लिये हुआ या लड़ाई के लिये

## विवशता

उसे बाद में मालूम हुआ
बहुत दहेज देना पड़ा था
माँ की शादी में

बाद में भी सताया गया माँ को
कितनी सारी माँगें रखी गयीं
सभी को चुकाते रहे पहले नाना
बाद में मामा भी

उसकी पढ़ाई का बोझ भी
उठाया दहेज ने ही
उसके जन्म लेने
और पाले जाने का भी

पिता कितना अक्षम रहा
एक जुबान नहीं बोला
सब कुछ चुपचाप देखता रहा
मालूम नहीं क्यों मंजूर कर लिया
अपनी पत्नी का सताया जाना

इस बुढ़ापे में
जब उनका शरीर

हो गया है बहुत कमजोर
गिर पड़ते कुछ कदम चलते ही
अब माँ का प्यार ही सँभालता है उन्हें

## इच्छा

जब वह सीमा पर मरा
तस्वीरें थीं उसकी जेब में
पत्नी और बच्चों की

इन्हीं से जुड़ा था उसका मन
और जिस धरती पर शहीद हुआ
उससे तो जुड़ा था उसका जीवन

लड़ाई शुरू होते ही प्रण लिया था
देश की एक इंच भूमि भी
नहीं देगा दूसरे को
लौटेगा भी सही-सलामत घर

केवल एक इच्छा पूरी हुई उसकी
जमीन बचाने की
घर पहुँचने की इच्छा जेब में ही रह गयी

यह कितना भयानक सच है कि
शहीदों की घर लौटने की इच्छा
पूरी नहीं होती कभी...!

## कब्जा

उसने अँगूठे से जैसे ही ठप्पा लगाया
एक काला निशान उभरा
असंख्य धारियों वाला
जैसे शरीर के खून की शिराएँ
जिनमें रक्त दौड़ता है

अगर यह स्याही लाल होती
तो यह बात और उभर कर आती
उभर कर आती उसकी देह भी
साथ-साथ उससे जुड़ी सारी चीजें
जिन्हें सौंपने वाला है वह उसे
रुपयों के एवज में

अभी केवल अँगूठा लगवाया है
अपना विश्वास दिखलाया है कागज पर
रुपये नहीं मिले, मिलेंगे बाद में
पूरा कब्जा देने पर

अपनी सारी चीजों पर कब्जा देते हुए
सोचता है वह
कहीं वह भी
कब्जे में तो नहीं जा रहा ?

## प्रेम

माँ के बायें कन्धे से
एक बच्चा चिपका हुआ
दूसरा दायें से
तीसरा गोद में
चौथा पाँव के पास लेटा हुआ

जैसे कोई उसे छोड़ना नहीं चाहता
यहाँ तक कि तंग दीवारें
इस छोटे-से कमरे की

एक मात्र कमरे में उनका जीवनयापन
एक ही में सभी की परवरिश

जिधर भी आँखें उठाएँ
लगता सारी चीजें
उससे प्यार कर रही हैं
कोई उसे छोड़ना नहीं चाहती
इसी में बड़े होते गये सभी
प्रेम कभी कम न हुआ

काम से लौटकर दरवाजा खोलते ही
उसके पसीने की बूँदें भी
समा जातीं इसी प्रेममय संसार में

## हाथ

चुनाव प्रचार के समय
हाथ जोड़ने और मिलाने का काम
बहुत अधिक बढ़ जाता है

गरीबों के सामने हाथ जोड़ो
अमीरों से हाथ मिलाओ
यहाँ भी भेदभाव
जबकि ये दुखते हैं मिलाने पर
जोड़ने से कभी नहीं

वोटर हो या ईश्वर
जितना भी हों दूर
खुश हो ही जाते हैं हाथ जोड़ने से

मिलाने के लिये कभी
आगे बढ़ते भी कहाँ उनके हाथ?

## सपना

इस आलीशान इमारत में
दरवाजे से
उसे प्रवेश नहीं मिल सकता
कपड़े उसके गन्दे
पाँव नंगे और बाल बिखरे हुए

वह अपनी दिली इच्छा को पूरा करता है
इमारत के बाहर एक चित्र बनाकर

एक दरवाजा बनाता है
जो खुला है सभी के लिये
भीतर उसके आँगन
और मौजूद हैं बहुत सारे लोग
और सबसे आगे की कुर्सी पर
बैठा है वह सज-धजकर
बेहतरीन कपड़ों में अत्यंत खुश

फिर एक पर्दा भी बना देता है
चित्र के ऊपर
ढककर इस चित्र को
हँसते-हँसते लौटता है बिस्तर पर
अपने सपने से वापस!

## रिक्शावाला

एक ने कहा मैं साफ-सुथरा आदमी हूँ
झाड़ू रखता हूँ हमेशा अपने साथ
दूसरे ने कहा मैं तकदीर बदलता हूँ
हमेशा पंजा दिखलाता हूँ
तीसरे ने कहा फूल है मेरे पास
अध्यात्म और धर्म सिखाता हूँ

सभी के पास कुछ-न-कुछ है
लालटेन से लेकर हथौड़ा तक
हसुओं से लेकर बाली तक

इन सभी के प्रतिनिधियों को लेकर
बारी-बारी से ढो रहे हैं रिक्शावाले

केवल उसे नहीं
जिसका चुनाव चिह्न रिक्शा है
जो इस बार स्वयं खड़ा है

## चमक

पिता मृत्यु के समय जो घड़ी पहने थे
वह अभी भी चल रही है
आगे बढ़ रही है
पिता की साँसों को पीछे छोड़कर

इसे खोल लेता हूँ
चिता में नहीं जाने देता
न ही बहाता हूँ अस्थियों के साथ
अभी भी वही खास कारण
कि यह चल रही है
बता रही है ठीक-ठीक समय

घड़ी ही क्या पिता की बची सारी चीजें
सारे पैसे, जमीन-जायदाद
सभी चलेंगे बाजार में
हर दिन इनका मूल्य बढ़ रहा

भले अब पिता नहीं दिखते
लेकिन हर जगह दिखती है
उनके छोड़े सामानों की चमक

## रूढ़ियाँ

रेगिस्तान में एक अछूत महिला बैठी है
पात्र में जल भरकर बेचने को
जो लाया है उसने
दस कोस दूर से भरकर

जिसे नहीं पियेंगे यात्रा में निकले ठाकुर
इसलिये ऊँची जाति की बुढ़िया
खरीद कर इनसे
बेचती है ठाकुरों को ऊँचे दाम में

सभी को इस बात का पता
लेकिन वे डर से चुप

इस तरह की खरीद से
नाक जरूर बच जाती है
इन दम्भी प्यासों की

लेकिन गले को तर करता है
पानी इन अछूतों का ही

# धरोहर

एक ही छाता मेरे पास
और बच्चे दो
किसे यह छाता दूँ
असमंजस में हूँ

जो सह जायेगा धूप को
जो सह जायेगा बारिश को
उसे इसकी जरूरत नहीं

अगर किसी को भी न दूँ
तो ये बन जायेंगे मजबूत मेरी तरह
ऐसा ही किया था मेरे पिता ने
उनके पिता की ही अमानत यह
जो अब तक सुरक्षित है मेरे पास

इसे अगली पीढ़ी तक
सुरक्षित पहुँचाने के लिये
धरोहर की तरह वापस रख लेता हूँ

# ईश्वर से पहले

धर्म स्थलों ने
कितना आसान बना दिया है
जीवन कबूतरों का
भरपूर जगह यहाँ शांति से रहने की
और मुक्ति खाने-पीने की चिंता से

भिक्षुकों के लिये भी ऐसा ही आश्रय
भक्तों को भी मिल जाता है
मनोवांछित फल

पंडित, मौलवी, पादरी का भी
यहाँ सम्मान से गुजारा

फिर लुटेरे कैसे पीछे रहें
कैसे छोड़ें ऐसी मालदार जगह
जहाँ चढ़ावा-ही-चढ़ावा

ईश्वर से पहले
वे ही दिखे हर जगह

# कल–पुर्जे

इन कारखानों में
बड़ी–बड़ी मशीनें
कल–पुर्जे ही कल–पुर्जे
कच्चा माल बिखरा चारों तरफ

ऑफिसर बहुत छोटे इनके सामने
उनसे छोटा उनका दिमाग
फिर भी दौड़ता है सबसे तेज
भरता है गति इन सब में

कामगार भी बहुत कार्यरत इनमें
नहीं मिलता जिन्हें मान कभी
जैसे मनुष्य नहीं ये
कल–पुर्जे हों इन मशीनों के

# अखबार बाँटने वाला

वह साइकिल में
अखबार बाँटने जा रहा है
आगे भी इनका ढेर और पीछे भी

पूरी तरह से लदा हुआ है
साइकिल का पहिया
जो धीरे-धीरे आगे बढ़ रहा

अखबारों की खुशबू उसकी नाक में
खबरों का चेहरा आँखों के सामने

हर घर के सामने थोड़ा रुकता है
फिर आगे बढ़ता है

धीरे-धीरे सारा बोझ खाली
अब तेजी से दौड़ती है साइकिल

एक भी अखबार नहीं उसके पास
बचाई नहीं कोई खबर
लिये जा रहा है घर
काम खत्म होने की खुशियाँ!

## यह ही खरीदा है मैंने

बस से उतर कर सभी यात्री
मॉल में दाखिल हुए
केवल वह नहीं
अपनी सहेलियों की तरह
बड़ी जेब नहीं थी उसकी

पास की बेंच पर बैठकर
निहारने लगी सुन्दर दृश्यों को
जो मॉल में नहीं था
वह सब था यहाँ

लौटते हुए सहेलियों ने पूछा
क्या-क्या खरीदा तुमने
उसने पहले आकाश की ओर आँखें की
जिसमें उड़ रहे थे सुन्दर-सुन्दर पक्षी
फिर नीची करके
झील में तैरते हुए बतखों को देखा
और कहा
यह ही खरीदा है मैंने

फिर समेट लिया इन सारे दृश्यों को
अपने कैमरे में

# पेड़ मत काटो

पेड़ मत काटो
पक्षियों को मत तरसाओ
पथिकों को परेशान मत करो
रहने दो सबसे सुन्दर हरे रंग को
गुलाब तक जिसे डंठल में धारण करता

जीने दो इन्हें हर जगह
आँखों के देखने की दूरी तक
तभी बादल नजदीक दिखेंगे
पहाड़ प्यारे लगेंगे
हवा सुखद अनुभूति देगी

जीवन से इन्हें मत निकालो
जब तक ये हैं
सभी की आयु भी लम्बी

पेड़ मत काटो
काटो ऐसा कराने वाली लिप्सा को

# इन्तजार

मुझे बेसब्री से इन्तजार है तुम्हारा!

मैं एक घोंसला हूँ
इन्तजार कर रहा हूँ अपने पक्षी का

मैं एक पत्ता हूँ
शीघ्र ही मेरे हिस्से की ओस की बूँद
मुझ तक पहुँचेगी

मैं एक खाली पन्ना हूँ
जो शीघ्र ही भरा जाएगा
मेरे प्रिय लेखक के द्वारा

हर व्यक्ति इन्तजार में है
किसी न किसी से मिलने
कुछ न कुछ पाने के लिए

लेकिन मुझे इन्तजार है
अपने सर्वाधिक प्रिय का
जो मुझ मामूली को भी
महत्त्वपूर्ण बना देता है

## हर पल याद

दुख किसी मिट्टी में जाकर नहीं जमेगा
न ही बर्फ पर
न ही तैरेगा पानी में

इसकी जगह है जहाँ
वहीं पर पसारेगा अपने पाँव
वहाँ से भी तभी हिलेगा
जब सुख उसे झकझोरेगा
हटाकर उसे अपनी जगह बनायेगा

इसलिए हर पल याद करता तुम्हें
ताकि प्रेम तुम्हारा बरसता रहे
जगह ही न बचे कोई
इन दुखों के लिए

# पूर्व लिखित पुस्तकों पर सम्मतियाँ

नरेश का मिजाज एक चिन्तक का है, वे जीवनानुभवों की गहराई में उतरने का माद्दा रखते हैं।

**—इंडिया टुडे**

नरेश जी ने कम-से-कम में अधिक-से-अधिक कहने की महारथ हासिल की है। नुकीले वाक्य सीधे निशाने पर लगते हैं। कोई भी पाठक इन्हें एक नजर में ही हृदयंगम कर लेता है। भाषा इतनी सुगम, पारदर्शी और सहज है कि दुविधा या अवरोध का एहसास भी नहीं होता। आश्चर्य होता है कि नरेश अग्रवाल ने जीवन के प्रत्येक अंश को इतने करीब से देखा है दत्तचित्त होकर।

**—अरुण कमल, कवि, आलोचक एवं सम्पादक**
**(साहित्य अकादमी पुरस्कार से सम्मानित)**

सब कुछ को सलीके से छिपाकर वे अपने पाठक को सरल-से-सरल भाषा में दृश्य-दर-दृश्य, कुछ अनसुने, अनदेखे और अनजाने को सुनने, देखने और जानने के लिए उकसाते हैं। इसलिए उस मर्म और तत्त्व को ढूँढ़ते हुए, वहाँ तक पहुँचने की प्रक्रिया में वे पाठक को खोजकर पाने के सुख से सुखी कर देना चाहते हैं। उसे अपने ढंग से अपने लिए पाकर पाठक के मन में उसके विस्तार और उसके प्रदर्शन की सबसे ज्यादा सम्भावना बनती है।

**—लीलाधर जगूड़ी, कवि**
**(पद्मश्री एवं साहित्य अकादमी पुरस्कार से सम्मानित)**

नये घर में प्रवेश, नये घर में प्रवेश नहीं, कवि का अपनी अंतश्चेतना की चौखटों को पारकर अपने आप को पाने, खोजने का प्रयत्न है। गहन आत्मविश्लेषणात्मक है कवि की दृष्टि। दुनिया के सारे कुएँ से लेकर अन्य कविताएँ।

**—चित्रा मुद्‌गल, वरिष्ठ कहानीकार एवं उपन्यासकार,**
**(साहित्य अकादमी पुरस्कार से सम्मानित)**

श्री नरेश अग्रवाल की इन कविताओं में समय और परिवेश के प्रति कवि की विनम्रता आकर्षित करती है। इनमें किसी प्रकार का भावुक आवेश या आक्रामक उबाल नहीं है, न अनुभव और भाषा की स्फीति। अभिव्यक्ति का यह अनुशासन इन कविताओं को प्रौढ़ और चिन्तनपरक बनाता है।

**—विश्वनाथ तिवारी, कवि, आलोचक एवं सम्पादक**

आपकी सृजनात्मकता ने नये धरातलों को स्पर्श किया है। अपने आस-पास के जीवन से यह संलग्नता इनकी एक विशिष्ट पहचान बनाती है। संवेदनात्मक गहराई में डूबी हुई इन कविताओं को पढ़कर बहुत अच्छा लगा। आपकी मार्मिकता मन को छूती है।

**—विजय कुमार, वरिष्ठ कवि एवं आलोचक**

आपकी सुबह की प्रार्थना पुस्तक की कविताएँ मैंने पढ़ीं और आपकी भावनाओं का अकुंठ प्रवाह तथा पवित्र एवं दैवीय आकांक्षाओं तथा प्राकृतिक अनुभूतियों की निश्छल अभिव्यक्ति का रसास्वादन किया। हमारे ऋषियों की तरह आपने प्राकृतिक शक्तियों के सत्य को पहचाना है और उनके रास्ते प्रभु की सत्ता का साक्षात्कार किया है। परम परमात्मा को संबोधित ऐसी कविताएँ विरल ही हैं, क्योंकि मनुष्य स्वयं ही नियंता और परम शक्ति बनने की मूर्खतापूर्ण बुद्धि के चंगुल में फँस गया है। आपकी कविताएँ संतोष और तृप्ति देती हैं।

**—डॉ. कमल किशोर गोयनका, साहित्यकार एवं आलोचक**
**(पूर्व उपाध्यक्ष केंद्रीय हिंदी संस्थान, आगरा)**

आपकी प्रकृति आधारित कविताएँ भी मात्र दृश्यचित्र नहीं हैं, उनमें मन बोलता है। कश्मीर को आपने सैरगाह की जगह संवेदना बनाया है। अगर इन पुस्तकों का वितरण ठीक प्रकार से किया जाये तो ये समाज के लिए उपयोगी सिद्ध होंगी।

**—ममता कालिया, कवि एवं साहित्यकार**

पाँच संग्रहों में संकलित आपकी कविताएँ पढ़ी। एक साथ 400 कविताएँ लिखना हँसी का खेल नहीं है। हिंदी कविता में यह दुर्लभ आयोजन है। ये सिर्फ प्रार्थनाएँ ही नहीं आदमी के भीतर की विकलता जो कविता के रूप में प्रकट हुई हैं। कवि के भीतर ऐसा कुछ है जो उसे अभिव्यक्त करना चाहता है। जीवन के भीतर के अध्यात्म को कविताबद्ध करना कठिन काम है। आपने ऐसी भाषा में कविताएँ सम्भव की हैं जिसमें सम्प्रेषण का कोई संकट नहीं है। अच्छी कविताओं के लिए बधाई।

**—स्वप्निल श्रीवास्तव, फैजाबाद, उत्तर प्रदेश**
(वरिष्ठ कवि एवं समीक्षक)

आपकी कविताओं में बड़ी सहजता है। अनुभवों का निर्व्याज आवेग है। बड़ी आत्मीय स्वत: स्फूर्तता है।

**—विजेन्द्र, वरिष्ठ कवि एवं सम्पादक**

❑❑❑

श्रेष्ठ भारतीय साहित्य

भारतीय ज्ञानपीठ